DE

SAINT-PÉTERSBOURG

A

ARCACHON

dédié

Aux Dames de Bordeaux,

PAR

RAOUL L. DE LAMORILLIÈRE

« Les hommes d'esprit sont des ânes;
ils n'ont pas le sou. »

(Opinion d'un riche négociant).

BORDEAUX

P. SAUVAT, LIBRAIRE-ÉDITEUR

Rue Saint-Remi, n. 3.

1854

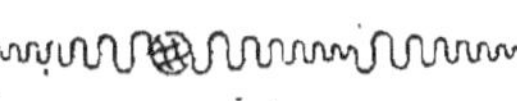

DE SAINT-PÉTERSBOURG

A

ARCACHON

BORDEAUX. — IMPRIMERIE DE J. DELMAS,

Rue Ste-Catherine, n° 139.

DE

SAINT-PÉTERSBOURG

A

ARCACHON

dédié

Aux Dames de Bordeaux,

PAR

RAOUL L. DE LAMORILLIÈRE

« Les hommes d'esprit sont des ânes;
ils n'ont pas le sou. »

(Opinion d'un riche négociant).

BORDEAUX

P. SAUVAT, LIBRAIRE-ÉDITEUR

Rue Saint-Remi, n. 3.

1854

AUX DAMES DE BORDEAUX

Mesdames,

On me demandait à qui je dédierai ce caprice littéraire : j'ai été trop heureux de pareille question ; et ma réponse, vous l'avez trouvée sur la couverture du pamphlet. Sous votre patronage, on ne paie pas de droits à la douane des critiques. Qui oserait donner des coups d'épingle à un de vos protégés, Mesdames ? Lisez-moi par boutade et par caprice, faites de mes feuillets des papillottes, j'en serais encore très-flatté ; mais surtout ne me boudez pas. Je passerais aux Russes ; je serais un ennemi..... et

Je suis votre très-humble serviteur.

Raoul L. de Lamorillière.

DE

SAINT-PÉTERSBOURG

À

ARCACHON

J'arrive à l'instant même de Saint-Pétersbourg, d'où le Russe m'a donné mon *exeat*, avec ordre de faire mes malles dans les vingt-quatre heures.

J'ai tellement été effrayé du canon qui grondait à Cronstadt, de la figure étirée du

Russe et du feu roulant des batteries de l'amiral Napier, que je n'ai ouvert les yeux et les oreilles que dans la gare de Ségur, d'où je vais commencer à vous faire mon itinéraire.

Vous m'excuserez, Mesdames, d'avoir eu telle frayeur à la vue des Cosaques et de leurs bonnets.

Pour vous dédommager, je vous promets de faire de nouveau, exprès pour vous, le voyage que je viens de terminer; ne serait-ce que lorsque les puissances alliées me nommeront Gouverneur de cette petite Province du Nord, d'où je pourrai vous envoyer mon Ours.

En attendant, consultez Victor Hugo dans son voyage sur les bords du Rhin ; quant au trajet de Paris à Bordeaux, vous pouvez vous en rendre compte facilement en vous offrant un coupé de chemin de fer. N'attendez pas que la gare de La Bastide ait passé le Pont. On n'est pas d'accord sur le prix du passage. Le tarif n'en prévoit pas le cas, et vous pourriez attendre longtemps.

Dispensez-moi d'un préambule sur ce bon Bordeaux, station obligée pour tout voyageur qui arrive de Saint-Pétersbourg et qui se dirige sur Arcachon. Tant en ont parlé, tant en ont dit des gasconnades, que je serai absout, je le pense, par mes bienveillantes lectrices.

Nous voici dans la gare de Ségur.

Ce n'est rien de bien beau, rien de bien coquet; mais c'est bon pour recevoir les *Royans* de La Teste, les turbots et les soles d'Arcachon, et toute la gent aquatique, fort étonnée de traverser en quelques heures les déserts que vous allez franchir avec moi, malgré les rayons brûlants du soleil, les moustiques et les tarentules.

N'importe, Arcachon est en vogue ; vive Arcachon et ses huîtres de gravette!

Je ne peux, dans ce voyage rapide, vous parler de points de vue admirables, d'horizons sans fin, de gazons épais, de fleurs, de bosquets, de villes, de châteaux, de concerts et de fêtes.

Tout se résume en pins et sables, et sables et pins, jusqu'à Arcachon. Là, vous verrez autre chose, si vous avez la patience de me suivre.

Je compte sur votre bienveillance. Elle me donnera de la gaîté de cœur; et s'il m'arrive d'être pour vous un agréable Cicérone, si j'ai le talent de vous lancer quelques observations capricieuses et plaisantes, c'est à votre bonne société que j'en remets tout l'honneur. J'ai déjà presque l'espoir de vous amuser un peu.

Partons.

Vous avez entendu le sifflement aigu de la vapeur, emprisonnée dans la locomotive.

Tous ceux qui ne sont pas mécaniciens savent qu'une locomotive est une grosse machine, traînant d'autres grosses machines, qu'on est convenu d'appeler wagons.

Donc, une machine est une machine difficile à connaître si l'on n'est pas mécanicien. M. de Lapalisse n'en donnerait pas meilleure définition.

Je ne suis ni M. de Lapalisse, ni mécanicien; seulement, je vois que je n'ai pas le temps de faire un cours de mécanique (1).

Donc, le conducteur de la locomative, qui doit nous jeter sur les bords du bassin d'Arcachon, dans un châlet qu'on dirait arrivé tout exprès des montagnes de la Suisse, a donné le signal.

Voyez cette foule empressée de têtes, moutonnant comme les vagues capricieuses de l'Océan qu'elles vont visiter. Mais où courent tous ces fous? Je ne veux pas dire qu'ils courent à la mort, et que ces grosses machines pourraient bien leur servir de cercueil, vous auriez peur de monter avec moi. Il n'y a plus de grands accidents de chemins de fer. On n'en a pas parlé depuis celui d'avant-hier, arrivé entre Langon et Barsac, à un convoi de bouteilles de ce dernier crû, se dirigeant sur St-Macaire.

C'était en l'honneur de la dernière pierre du viaduc. Toutes ont eu le cou coupé au

(1) Voir M. Souriaux, professeur de mécanique à l'École des Adultes, tous les mercredis et samedis, à 8 heures du soir.

déjeûner qu'offrait l'entrepreneur à ses ouvriers.

M. le Juge-de-Paix de ce beau canton n'a point eu à transporter la justice sur les lieux, et l'accident n'a pu être rangé au nombre des accidents malheureux. On ne doit pas compter quelques tapageurs nocturnes émus par la trop grande générosité du jus du tonneau, expression de crû.

D'où je conclus qu'il est aussi dangereux de dormir dans son lit et sur ses deux oreilles, ou de boire du Barsac, que de voyager en chemin de fer, parce que dans son lit on peut mourir subitement; c'est une mort sans agrément. En buvant du Barsac, on peut tomber ivre-mort et mourir ivre; c'est mourir avec un peu plus d'émotion. En voyageant en chemin de fer, on peut périr dans un déraillement ou dans une rencontre de deux convois; mais au moins on a la satisfaction d'assister à un drame épouvantable, et on meurt avec beaucoup d'émotion.

Quant aux rencontres, notre compatriote,

M. Dezeimeris, se charge de les supprimer dans le catalogue des accidents de chemin de fer. Il a à lui un système breveté d'enrayage pour les éviter. Vous pouvez compter sur lui, il est homme à vous sauver de ce péril.

Tout ceci n'est pas de la réclame pour les chemins de fer, puisque bientôt je ne voyagerai qu'autour de ma chaste épouse. On vient de m'apprendre à l'instant que j'allais me marier.

Cette étrange nouvelle m'a beaucoup surpris. Seulement, que l'on se presse à conclure ce *conjungo*, le goût du célibat pourrait me prendre, et une fois pris, je ne réponds pas de moi. (Je vous fais une confidence; vous êtes dans le secret, n'en parlez pas, vous pourriez, à votre insu, me faire manquer une bonne affaire.)

Dans un espace de temps moins long que celui que je mets à vous le raconter, toute cette foule, tous ces bagages ont disparu. Les wagons, dont la file s'est faite longue comme la queue de robe d'un premier Président, sont déjà pleins. Le Bordeaux folâtre est en route pour Arcachon.

Pauvre ville, te voilà veuve! Fasse le ciel que les Cosaques ne passent pas la Garonne la nuit prochaine. Ils ont bien passé le Pruth! Ils s'empareraient de nos demeures, et adieu nos caves et nos amours! Les Cosaques aiment le bon vin, les Cosaques sont beaux; Apollon, dit-on, était Cosaque, et nous, nous sommes si laids!...

Chut!

Nous voici partis. A mes côtés, des jeunes filles brunes et blondes, blanches et roses, comme on est à quinze ans, à Bordeaux, grelottent de plaisir et d'aise en quittant la ville. Au bas des talus du chemin de fer, dans un vieux sentier, une grand'maman, les yeux gros de peur et de larmes à la vue de cette énorme machine mugissante, entraînant loin d'elle ses petites filles, peu soucieuses du danger, agite péniblement son mouchoir et se retourne pour qu'on ne la voie pas pleurer!

Pauvre dame! Versailles, St-Benoît, Beaugency étaient sans doute présents à votre mémoire! Pourquoi n'avez-vous pas songé à l'événement de Langon à Barsac, arrivé à Saint-Macaire (l'événement de Poitiers est arrivé à Saint-Benoît) : on y versa du vin et non des larmes!

Mais voilà Pessac! A gauche et à droite, quelques plaines verdoyantes; là-bas, le château de Haut-Brion ; on dit que c'est un bon Bouchon; je me rappelle l'avoir apprécié un jour chez les *Provençaux de Paris*. Un mien ami, Anglais pur-sang, nous a dit que ce Bouchon avait beaucoup d'écorce. Ils aiment çà, les Anglais!

J'ai beau chercher une étimologie à Pessac, c'est en vain. C'est y chercher quelques agréments, et on n'en trouve pas.

Pardon! que lisez-vous sur cette croix de bois, dans le cimetière? M. X... fut bon père, bon époux : vous qui passez, priez pour lui!...

Mon voisin de gauche éternue et me souffle, d'un air malin, qu'il battait sa femme une fois par jour seulement. Mais mon voisin de droite, qui est le peintre du monument funèbre, nous fait la remarque que battre sa femme ne prouve pas qu'on est mauvais époux. Soit.

Ce petit dialogue nous a empêché de voir autre chose à Pessac que le cimetière, le long duquel nous fuyons.

Mais on arrête.

Un employé de la gare, en courant, nous crie : Pessac ! Pessac ! Une portière s'ouvre. Il en sort un grave petit notaire brun ; on le dit de Paris, çà peut être, je ne veux contrarier personne. Puis, d'une autre portière, une dame assez maigre, Anglaise et un peu sur l'âge. Tiens ! c'est une paroissienne de mon curé !

Les demoiselles qui m'entourent me demandent ce que l'on peut aller faire à Pessac. C'est bien le moins de leur répondre que le jeune petit notaire brun va faire signer un contrat, et que Madame l'Anglaise va cueillir une marguerite. Les marguerites de Pessac sont renommées pour les oracles. Je m'étais avancé en annonçant plus haut que Pessac n'avait rien de célèbre, il a des marguerites.....

La question d'Orient était tout-à-fait étrangère à cette rencontre de la France et de l'Angleterre devant Pessac.

J'aurais voulu voir l'Angleterre cueillir la marguerite ; mais nous filons, et la France (le jeune petit notaire brun), en vertu du traité d'alliance offensive et défensive, s'approche avec autant de galanterie que ses graves fonctions le lui permettent, cueille la fleur, il l'offre à l'Angleterre, et le contrat, je veux dire l'alliance, est définitivement signée ; maintenant, malheur aux vaincus.

On assure, cependant, que le soir les deux puissances alliées se séparèrent à l'octroi des Convenances. Ce fut prudence pour la France (le jeune petit notaire brun) ; elle aurait pu rencontrer des Turcs (des clients) qui seraient passés aux Russes (ses confrères), ce qui l'aurait crispé.

Il est très-nerveux sur cette question délicate.... le jeune petit notaire brun.

Déjà Gazinet.

Quatre murailles décrépites, trois contrevents gris et une porte, de grands pins dont la sauvagerie nous porterait à rêver, si nous en avions le temps comme autrefois. Châteaubriand a bien rêvé Attala et René dans les forêts vierges de l'Amérique !

Des grappes de bruyères en fleur tombent odorantes et festonnées sur les versants du chemin. Je regrette, Mesdames, de ne pouvoir vous en faire des bouquets.

Encore une halte ! C'est Tocquetoucau ; est-ce du Russe ou du sauvage? J'ai peu le temps d'en chercher la signification. Voyez, comme moi, c'est une station dans les pins, pour prendre je ne sais qui et laisser je ne sais quoi.

Mesdames, nous n'avons jamais vu à Tocquetoucau qu'un gardien, un chien de Terre-Neuve, se baignant dans le sable de la forêt, et une poule. Le coq est à Gazinet.

Mais d'ici l'on aperçoit un vieux toit qui fume. C'est un oasis dans le désert, une halte de chasseur ou la cabane d'un résinier. C'est Testemore.

On m'apprit, l'an passé, je crois, un drame épouvantable auquel cette station doit son nom. Je vais vous le conter; mais avant, voyez donc :

Ce cantonnier, une main sur la conscience et l'autre tendue vers La Teste. Il nous jure que nous pouvons filer avec confiance. Cette pose a un cachet d'originalité qui frise le comique. Si nous déraillons, nous pourrons lui intenter un procès en faux témoignage; et s'il n'est pas condamné sur la terre, il sera occis dans le ciel. Un cantonnier de M. Pereire doit connaître la loi écrite par Moïse dans le désert :

« *Faux témoignage ne diras, etc.* »

On ne sait cependant pas si ce cas sera prévu au jugement dernier.

Revenons au drame de Testemore. Ce sera tout court. Juste le temps de vous faire piquer par un moustique ou une tarentule, et de boire un petit verre de Cognac de Testemore. Il y a du Cognac partout; c'est comme le Bordeaux, quand on n'en a pas, on en fabrique. Exemple : les Lafitte de Bourg, les Laroze de Quinsac, les Brannes-Mouton de Pessac, les Léoville de Queyrie. Arcachon produit aussi tous ces crûs et des essences.

Mais je m'oublie. Ce drame remonte longtemps avant les Croisades, bien après le règne d'Osiris : Un paisible habitant de la rue de la Rousselle, à Bordeaux, la morue n'était pas encore inventée, avait trois filles: Jeanne, Jeannette et Jeanneton; l'imagination, dans cet ancien quartier de *Burdigala*, ne s'était pas mise encore en frais pour donner des noms aux filles. Le père se nommait Jeannot. Lui-même récoltait le sel nécessaire à son débit, et tous les huit jours il se dirigeait vers le bassin d'Arcachon en compagnie de ses filles et d'un âne qui les aidait à porter le fardeau du retour.

Par un soir d'orage, sous le règne de Charlemagne, vers l'an 800, peut-être le jour du sacre de cet Empereur, Jeannot, ses filles et l'âne revenaient pédestrement. Le chemin de fer de La Teste n'était pas encore achevé ; le testament de Pierre-le-Grand n'était pas encore signé, et Nicolas, le Russe, n'avait pas de vue sur Andernos; mais la famille Jeannot avait fait belle récolte.

Le ciel était dans un grand désordre, la nature semblait s'approcher de sa fin ; je ne sais même si ce jour-là les bêtes ne parlèrent pas. Tout fut tellement bouleversé dans les Landes, que le lendemain on trouva l'âne, Jeannot, Jeanne, Jeannette et Jeanneton, dans l'état affreux que voici : Jeanne indignement mutilée et morte sous les pieds de devant de l'âne, Jeannette sous ceux de derrière, Jeanneton pendue à la queue de l'animal, et Jeannot, lui-même, mort, et le crâne à moitié enfoncé dans la bouche du terrible roussin d'Arcadie. La foudre l'avait frappé, pour le punir, sans doute, de ses crimes. Ne nous hâtons pas cependant de le condamner; s'il avait vécu, il aurait pu s'appuyer peut-être d'une loi Grammont et justifier sa conduite. Sous Charlemagne, dit-on, les ânes avaient de l'esprit (1).

Ce drame a été révélé, il y a quelques années seulement, par un jeune employé du chemin de fer. Il trouva des ossements, fit pratiquer des fouilles et arriva à se rendre compte du fait que je viens de vous raconter. Seulement, pour la justification de l'âne, il est bon de dire qu'à côté des squelettes, le jeune employé trouva les deux énormes blocs de pierre qui servent de siége au gardien de la station. Serait-ce le sel que les ans auraient cristallisé? S'il en est ainsi, la famille Jeannot était coupable devant la loi. Elle n'aurait pas dû tellement charger son âne.

C'est de tout ceci que la station de Testemore tire son nom. Voilà pourtant jusqu'où peuvent nous conduire l'amour et

(1) Observation d'un négociant fort riche de Bordeaux : Ce n'était pas comme aujourd'hui : les gens d'esprit sont des ânes ; ils n'ont pas le sou.

l'étude des antiques! Gloire au jeune employé, cet amour le poussera loin dans la carrière des fossilles!

On nous assure que cette station, aux termes des statuts de la Société du chemin de fer, qui en a fait un article spécial, ne peut être desservie que par un débris chevronné des hussards de la mort, afin de perpétuer dans l'avenir le fait qu'un de ses employés a eu la sagacité de découvrir. Ce hussard de la mort sera chargé de le raconter à tout voyageur, sans qu'il en coûte une obole; la compagnie paiera les frais.

Mais nous sommes déjà loin. Nous voici à Facture ou Biganos: trois maisons, deux voitures et un gendarme. Serait-ce une sous-préfecture du pays?... Un grand chemin, des Landais huchés sur leurs échasses. Un d'eux vient de nous faire la malice d'enjamber le convoi qui obstruait son passage, et nous filons toujours. En un clin-d'œil, nous avons franchi la Leyre, petit ruisseau creusé sans doute par les écureuils du pays.

Ici, la nature semble reprendre ses sens;

çà et là des chênes verts aussi vieux que la Lune, même des gazons fleuris. Si nous avions le temps de nous y asseoir, je vous dirais que là, un jour, sur les bords de ce petit fleuve, un amant passionné du progrès eut l'idée d'ensemencer du riz. Jour et nuit, à tout venant, il se couchait à plat ventre sur le sol et écoutait pousser ses semences. Il se crut un matin en pleine floraison; mais la fatalité s'en mêla. Le soleil se leva plus chaud que jamais, ses jeunes riz furent grillés, et adieu la moisson. Comme Perrette, un moment il avait eu sur la tête un pot au lait.

Le rêveur ne se découragea pas: pendant une heure, il se gratta le front et inventa la chaussure à la mécanique. Il aurait tout inventé s'il ne s'était pas arrêté à sa première idée. Rivage maudit! voilà bien de tes coups! Quelles épreuves de franc-maçonnerie! Nous condamner à marcher continuellement sur des clous!

Le convoi suit une courbe: je vois au détour des champs fertiles, des laboureurs

[…]és par les rayons salés du soleil, qui se couche dans l'Océan, des bœufs gros comme les moutons de Normandie, des toits gris, des contrevents rouges; puis un château, des bosquets, des pampres même. Dans quelle contrée fertile arrivons-nous donc? C'est le Teich.

Là, la nature du pays s'est oubliée, et le bon Dieu y a sans doute reposé un de ses regards lorsqu'il pensa à créer le monde. Ceci remonte à bien longtemps avant le déluge.

Quelques voyageurs descendent au Teich. Le château est en fête. Les pauvres ont pris leurs beaux habits et leurs souliers neufs. On célèbre une Sainte, la patrone de la mère des pauvres du Teich. Comme ces fêtes villageoises sont suaves et touchantes! Comme il est beau d'être la mère des pauvres; ils prient pour nous, et la prière des pauvres, cela porte bonheur!

Vous qui n'aimiez pas les champs sauvages, mes jeunes compagnes. Vous qui frissonniez dans les pins, réjouissez-vous, nous revoilà la nature, l'Océan, des villages, des cloches, des figures humaines ; voici Mestras, voilà Gujan !

A droite, les dunes du bassin d'Arcachon, les cabanes des pêcheurs et leurs filets; plus loin, de l'eau, de grands oiseaux blancs dans l'air ; et au-delà les eaux, des monts de sable ; et encore bien loin, bien loin, des pins qui perdent leur tête dans le ciel.

A gauche, des maisons, un clocher, un cadran solaire, comme en avait Saint-Antoine dans le désert. Çà et là, des moulins à vent ; aux pieds du convoi, des baigneuses qui accourent se distraire à notre passage, et voir peut-être si quelque jeune petit notaire brun, ou un blond agent de change, ne descendra pas.

C'est se hasarder, Mesdames, que de dire un agent de change. Ces honorables citoyens sont rarement entiers. On ne les compte que par demi, par tiers ou par quart. Nous connaissons même à Paris un vingtième d'agent de change. Il est bien petit.

Les notaires et les agents de change sont hommes à descendre à Gujan; ces derniers, pour étudier la hausse et la baisse dans le royaume humide du vieux Neptune.

Tout juste! je ne m'étais pas trompé. Deux de ces derniers humains, c'est un quart avec un tiers, descendent d'un coupé; l'un et blond, l'autre n'est ni brun ni blond; je ne sais s'ils sont agents à Paris ou à Bordeaux; mais qu'importe.

M. Letiers, à la bourse, a toujours le double-six. En argot, il est toujours en sens inverse du mouvement. M. Lequart fait toujours domino. En argot, il ne perd jamais. Me demander pourquoi et comment, serait me demander de vous apprendre ce que j'ignore. Je n'ai pas encore pu pénétrer les secrets du dieu de la Fortune. M. Letiers perd parce qu'il ne gagne pas, et M. Lequart fait le contraire. M. Lequart a invité M. Letiers à descendre à Gujan, pour lui donner une leçon de flux et de reflux, et lui enseigner le moyen d'englober tout dans ses filets; je veux dire tous les poissons de la mer. Gare les Esturgeons!

Ce ne sont pas seulement des agents de change qui s'arrêtent à Gujan, beaucoup de ceux qui font le dur métier de jaloux ne dédaignent pas cette plage.

Si Balzac, dans sa *Physiologie du Mariage*, avait connu Gujan, il l'aurait proposé aux maris dans le chapitre des *Premiers symptômes* (VIIIe méditation); et M. Daney, aujourd'hui, se féliciterait du succès de sa passerelle, qui serait métamorphosée en école de mœurs.

A Arcachon, les vieilles forêts sont trop forêts; il y a beaucoup d'écureuils! Quand on les voit, les écureuils font peur! Je connais des Bordelais très-impressionnables.

Mais penchez-vous donc; voyez Mme N.., si belle et si aimante, exilée à Gujan!

Que je vous plains, Madame; vous entendez d'ici les rires francs de vos folâtres amies d'Arcachon; vous, dont les grands yeux feraient si beau sur cette plage sans fin!

Pauvre fleur! on vous a jetée au milieu d'un champ sans ombrage; chaque jour et chaque heure menacent d'une ride votre front, ce front si pur où les grâces aiment à trôner! Si belle et tant de malheurs! Oh! ne voilez pas votre visage, cette mélancolie nous fascine; la vapeur qui nous entraîne mugit de rage en vous quittant. Que cet hommage, rendu à tant de beauté, vous console, l'hiver revient, et avec lui vos succès; eux, vos tyrans, ils se rongeront les poings.......

Mais, Mesdames, n'êtes-vous donc pas faites pour aimer et pour être aimée; vous réunissez en vous les trésors les plus désirables de la beauté, et on veut étouffer ce germe inestimable du bonheur! Oh! les préjugés!.....

Je voulus me pencher encore pour la voir..... elle pleurait..... Déjà nous étions loin; je n'aperçus bientôt plus qu'un semblant de femme voilée, les yeux tournés vers nous... Et sa tête remuait comme dans un moment de douleur; et son coude était nonchalamment appuyé sur la rampe de la station..... Pauvre femme! ....

Une grosse fille, sa sœur, vint l'arracher à ses rêves, et nous les perdîmes.....

Je pensais encore à cette jeune beauté; je m'irritais contre les préjugés aux ongles de fer, aux dents d'acier, aux yeux de feu; j'allais crier vengeance, je me contins. Nous étions rendus à La Teste.

Mes folâtres et jeunes compagnes, qui m'épiaient, se prirent à rire; il n'en fallut pas moins pour me couper la fièvre; je ris comme elles, et nous arrivâmes comme nous étions partis, le rire sur les lèvres, avec un peu de poussière en plus. C'était le moment de chanter avec Malborouck :

« Chargé de... poussière

j'allais dire jusqu'aux oreilles; la rime ne vous aurait pas convenu, c'est :

» Jusqu'aux paupières. »

Ce n'est pas une rime singulière, mais en voyage on n'est pas si difficile. Vous avez bien pardonné celles de l'Apollon-Saltimbanque, de mon féal ami, dont je voudrais, dans ce voyage, rencontrer la *Cravate* et la main.

Il a dit des choses si agréables sur La Teste de Buch et Arcachon, que, sur ma prière, et surtout pour vous plaire, il se ferait un véritable plaisir de se répéter. Vous gagneriez à l'entendre, il est si aimable conteur.

En son absence, je continue :

La Teste de Buch!... Nous sommes enfin rendus et pas morts! Vous vous rappelez, votre grand'maman avait tant peur!

Faites jouer le télégraphe, elle dormira tranquille; son café lui sera moins lourd.

Les ingrates, elles, rirent de moi! Il n'y a plus d'enfants!

J'allais me livrer à mes réflexions sur les misères de ce monde, quand un employé ouvrit la portière du wagon, et tout le monde de se précipiter vers une issue qu'on appelle la sortie de la gare.

Les Russes ne durent pas mettre plus d'empressement à fuir par les portes d'Odessa quand nos flottes en bombardèrent la citadelle.

Je me souviens qu'un jour j'allai prendre les bains de mer dans le pays des Esquimaux. Je remarquai que ces sauvages sont moins sauvages que les Gascons quand il font foule sur un même point. Il est bon de dire qu'ils n'ont ni chemin de fer, ni omnibus; ils vont en traîneaux, et tout le monde a place sur les grands chemins.

A La Teste, c'est autre chose; il faut se hucher, homme ou femme, comme on est et comme on peut, sur des chariots du pays, pour arriver à la mer, ou vous condamner à marcher long comme trois polkas dans des nuages de poussière, pour dîner ou déjeûner par cœur.

Les Crocs affamés dévorant tout ne nous laisseront pas un rouget si nous ne descendons pas chez le célèbre restaurateur de la plage. C'est nommer Gailhard, dont j'aurai occasion de vous parler ce soir entre la poire et le fromage.

Mais nous n'avons pas de véhicule, les

gendarmes ne nous demandent pas nos passeports, nos costumes de baigneurs auraient pu nous faire prendre pour des sujets du roi Othon (1).

Voici une barque de pêcheurs qui est libre, glissons-nous vite; le temps est beau, la mer est belle; je pourrai vous conter une histoire sur La Teste. Elle vous paraîtra, au premier abord, laide comme un marsouin ou un pétoncle; mais écoutez-là jusqu'au bout, il y a du bon comme en toutes choses.

Je commence :

— Pardon, moussu, me dit le marinier auquel nous avions confié notre vie et nos sacs de nuit. J'ai trouvé ce matin dans ma barque une lettre que je vous rends. Soyez assez bon pour la remettre à son adresse, à Arcachon, dès votre arrivée.

Je pris la lettre.

C'est bien surprenant, dis-je à haute voix, cette lettre est adressée à moi-même,

(1) Ces Messieurs n'ont plus rien à faire aux Grecs depuis qu'on ne joue plus au Casino.

à Bordeaux, avec prière de la remettre à M. X., à Arcachon. Au coin de l'enveloppe, il y avait cette suscription : *très-pressée; vous pouvez en prendre connaissance.*

Ma curiosité était de plus en plus aiguillonnée. Tout le monde fut frappé de la contraction de mon visage; je me mordis les lèvres. M. X. était un de mes meilleurs amis; depuis longtemps je le croyais en Terre-Sainte; et cette lettre, qui portait au bas la signature d'une femme fort connue, était écrite sur du papier parfumé. Le nom de cette femme n'est point russe.

Pas n'est besoin de vous dire que je perdis le fil de mes idées; on me redemanda l'histoire de La Teste de Buch, je n'y étais plus; et dans un moment d'absence, je m'écriais en montrant la lettre : Mes amis, la voici.

Mon voisin de gauche me prit le papier maudit dans les mains, et lut. Pendant qu'il lisait j'étais fou.

Alors le marinier testerin, en ramant, me raconta que dès le matin, trois dames, dont une belle comme Notre-Dame d'Arcachon, avaient frété sa barque à la plage d'Eyrac.

Arrivés vers le milieu du vaste Bassin, la plus belle se jeta en désespérée dans l'onde amère; les efforts du marin auraient été vains pour la sauver, si la plus âgée des trois, n'écoutant que son courage, ne se fût, elle aussi, précipitée à son aide (1). On fit jurer au pêcheur le secret de ce drame. On passa tout le jour à faire sécher les vêtements de la suicidée; et en descendant de la barque, cinq napoléons furent le prix de la discrétion du pilote, qui ne put se taire.

A peine monté sur sa légère pirogue, il me raconta tout; il ne me croyait pas en pays de connaissances. J'évitai de lui faire

(1) Ce serait bien le moment de vous parler ici du courage de nos marins de la Gironde; mais notre ami, M. Ribadieu, dit de si jolies choses sur ce chapitre, que, peut-être déjà, vous n'avez pas résisté au plaisir de lire la brochure qu'il vient de publier, sous ce titre : *Histoire maritime de Bordeaux*. Cet ouvrage n'est que le précurseur de l'*Histoire des Châteaux de la Gironde* et de *la Bourgeoisie bordelaise*.

comprendre que ces dames étaient de mes amies.

Je lui avais glissé deux louis dès les premiers mots de son récit. Deux louis! pour deux louis, on peut bien raconter qu'une femme se noie!

Tandis que l'on me donnait tous ces renseignements, mon voisin lisait la lettre que voici :

« Monsieur,

» Vous m'avez indignement trompée..... J'étais
» folle.... vous m'aimiez..... et je croyais que ton
» amour pouvait durer toujours! toujours!.....
» entends-tu bien, toujours!..... Vous me l'aviez
» juré, Monsieur. J'eus la faiblesse d'y croire;
» nous sommes si faibles.... les femmes!.... Vous
» n'aimez pas comme elles...... je le comprends;
» vous n'êtes pas fous, vous, les hommes!.... J'ai
» tout renié pour toi; je t'ai aimé et je t'aime
» comme une folle. Je t'aime! Oh! si ce mot pou-
» vait emporter avec lui toute l'expression que
» mon cœur lui donne! Tu te maries, dis-tu, pour
» mon bonheur et ma paix. M'aimerez-tu donc
» assez pour te sacrifier à ce que tu appelles mon
» bonheur! Marie-toi; moi je veux le tien, ton

» bonheur ! Je n'ai plus de droits sur toi, pas même
» celui de la femme que l'on aime ! Adieu ! j'ai eu
» le courage de t'écrire. Mon cœur a cherché le
» tien pour le soutenir, peut-être est-ce la der-
» nière fois !

» Adieu encore ! Marie-toi ; sois heureux loin
» de moi, sois heureux toujours. Déjà ton bonheur
» sans moi me tue. Adieu ! tu ne me reverras ja-
» mais !....

» MATHILDE ...... »

J'eus le temps de saisir la lettre avant la lecture de la signature. L'auditoire était profondément ému. Quelques jeunes filles pleuraient; l'émotion redoubla quand je répétai le récit du pêcheur. Mais déjà nous avions doublé la Pointe de l'Aiguille (petit cap du bassin), et nous mettions pied à terre à Eyrac, à l'hôtel Gailhard, où bonne table, bon vin et bonne couche nous attendaient.

Mon ami y était logé ; où pourrait loger ailleurs un gentilhomme et un gourmet ? Gailhard, d'Eyrac, est l'hôtelier parisien dans toute l'acception du mot, dans toute la rondeur de la chose, chez lequel Paris et Bordeaux aiment à se serrer la main.

Que ceci soit dit sans préjudicier à Legallais et autres, dont nous n'avons aussi qu'à louer le confortable et la bonne hospitalité.

Je n'eus rien de plus pressé que de me rendre auprès de mon ami. Je lui racontai tout ce que vous venez d'apprendre, et il s'excusa ainsi : (Fasse Dieu ! pour sa justification, que ces feuillets tombent dans les mains adorables qui ont tracé de si sublimes plaintes ! Cette beauté, devant laquelle tout le monde se courbe à Arcachon et à Bordeaux, ne tentera plus alors de se noyer, ou parce qu'elle saura être aimée, ou parce que l'eau de l'Océan sera trop amère).

Voici ce qu'il m'apprit :

« Mon ami, puisque le hasard t'a fait dé-
» couvrir une intrigue que le ciel seul
» connaissait. »

Il voulait dire l'enfer ; mais les amants sont toujours comme cela. Ils ne voient dans leurs amours que Dieu, anges et nymphes. Le Concile de Trente n'a pas vu comme eux ; c'est sans doute un effet d'optique.

Il continua :

« Je suis à Arcachon depuis un mois en-
» viron, occupé nuit et jour à contempler
» la lune et le soleil, à me rappeler, en
» voyant le ciel du Bassin, les nuits dia-
» mentées de la belle Italie et l'air em-
» beaumé de Baïa, à parcourir cette plage
» orgueilleuse, où la mer épuisée vient, aux
» pieds de mille baigneurs, jeter ses eaux
» rafraîchissantes et ses coquillages blancs.
» En dépit de tout cela, au milieu de ces
» châlets, dans ce monde de fêtes, je suis
» malheureux ; je souffre, et mon mal est
» sans remède. »

Arcachon ! qui ne connaît pas tes forêts sauvages et les suaves harmonies de la brise qui se brise dans les têtes vertes de tes pins ; tes jeunes châlets, légers et coquets, découpés par des fées et habités par les naïades du Bassin ! Ces naïades, chaque matin, plongent dans tes eaux des trésors, dont les dieux seraient jaloux, s'il y avait encore des dieux !

Arcachon ! avec tes acacias épais et tes

milliers de fleurs exilées de Bordeaux, venues tout exprès passer l'été sur la plage avec leurs belles maîtresses, pour grandir sous leurs yeux adorables et recevoir chaque matin, avec les émanations marines, l'eau bienfaisante que répand à leur pied un arrosoir vert !

Arcachon ! avec ton antique chapelle, tes pieux *ex-voto,* l'image sainte de la Vierge, qui veille au loin sur les pêcheurs, dont elle est la mère et l'étoile en laquelle ils se fient dans la tempête !

Arcachon ! avec tes vieux coursiers des landes, tes bals, tes concerts, ton Casino sorti des eaux et huché sur les épaules de Neptune ! tes artistes aimés, tes Forgues, tes Schad aux doigts harmonieux ; tes Sarreau, tes Dufau, dont la flûte magique l'emporte sur l'harmonie de la mer et celle de tes vieux pins !

Arcachon ! avec tes pêches au flambeau, tes promenades en mer et tes coups de soleil sur les blanches épaules de tes blanches baigneuses !

Arcachon ! où tant d'amours dans le bassin ont reçu le baptême, où tant de bonheurs ont commencé d'être, où les mêmes eaux ont baigné de si différentes passions !

Arcachon enfin, que le monde entier veut connaître, où l'empereur de Russie, peut-être, quand il sera notre prisonnier, demandera à être interné pour se reposer des fatigues de la guerre et se consoler, avec les écureuils de la forêt, de n'avoir pas pu nous métamorphoser en Cosaques !

Il y a toute une étude à faire sur l'instinct de ces animaux (les écureuils), témoins ceux d'Andernos.

Un vieillard d'Andernos, si vieux, que dans le pays on croit que le Temps a oublié de l'emporter dans sa course, s'est livré, depuis ses plus jeunes ans, dit-il, à l'étude du caractère de ces petits animaux.

Voici le fruit de ses recherches (çà pourrait servir à l'empereur Nicolas) : Chaque nuit, à minuit, tous les écureuils des Landes se réunissent à Andernos. Là, un d'eux, c'est probablement le chef, fait des signes cabalistiques, et tous se précipitent dans le gouffre que tout voyageur peut voir à quelques kilomètres de ce village.

Personne n'a osé pénétrer dans le vaste souterrain que creusent ces animaux.

Le vieillard qui a fait cette remarque, prétend que ce travail des écureuils passe dessous toutes les Pyrénées, sous la mer Méditerranée, la Corse, et s'étend déjà fort loin au-delà du Vésuve; que les laves qui sortent du cratère sont les déblaiements de ces voies souterraines; et que depuis qu'il s'agit de la question d'Orient, les écureuils sont plus agités que jamais; d'où il conclut que leurs travaux doivent s'approcher de Constantinople.

Il assure même que, d'après les calculs précis qu'il a faits, d'après le nombre d'irruptions du Vésuve et la quantité immense d'animaux occupés à creuser ce souterrain, le commencement de ce travail gigantesque doit remonter au règne de Pharamond.

Ceci nous expliquerait un peu pourquoi,

dans la forêt, on ne rencontre jamais d'écureuils depuis minuit jusqu'au lever du soleil.

Je m'aperçois encore que j'ai rompu le fil de l'histoire de mon ami ; je vous le rends, écoutez-le :

« C'était la première année de l'installa-
» tion à Bordeaux des fêtes de charité ;
» toute la jeunesse dorée de la ville *d'alors*
» avait un zèle inouï; mais les cotteries,
» pour le malheur des pauvres, ont bien-
» tôt eu fait raison de cette noble entente
» devant laquelle tant de bourses se dé-
» liaient. J'étais commissaire des fêtes et
» quêteur.

» La cavalcade passait aux Chartrons,
» dans une rue, j'en tais le nom, sous un
» balcon orgueilleux et fier de montrer au
» public ébahi les sept plus belles figures
» de femmes dont le ciel ait gratifié Bor-
» deaux.

» Mes yeux rencontrèrent des yeux, et
» mon cœur un cœur; l'étincelle électrique
» de la sympathie (la sympathie est par-

» fois nécessaire) avait bouleversé mon » âme, je sentis que j'aimais.....

» Bientôt l'on me vit au balcon ; l'au- » mône fut abondante. Tout le monde » avait eu pitié de nos pauvres, une seule » main s'était abstenue. C'était elle ! elle, » dont le secret est trahi ! elle, dont tous » les trésors du monde ne valent pas la » beauté !...

» Je l'approche timidement et sans mot » dire. J'agitai ma bourse. Elle laissa tom- » ber une pièce d'or cachée sous un pli de » papier, et elle détourna la tête pour » qu'on ne voie pas un soupir bien gros » s'échapper de son sein blanc comme la » gorge d'un cygne.

» Je reconnus l'amie de mes jeunes ans. » Elle était ma fiancée dans nos jeux, et » maintenant elle est Mme ***.

» Sur le papier qui enveloppait la pièce » de 20 francs étaient écrits ces mots : *Je » ne m'appartiens plus ; on m'a mariée!...* »

Ce : *on m'a mariée* dévoile un point de morale, dans le grand monde, que je n'ai pas besoin de critiquer. Toutes mes lectrices savent comment on se marie à Bordeaux, à coup de sacs d'écus :

« La vertu sans argent est un meuble inutile. »

Il y a longtemps que cette vérité est écrite sur le front de la société.

« Depuis peu de jours j'étais revenu à » Bordeaux ; j'ignorais son mariage.

» Son mari, que ses affaires ont appelé » en Orient a loué un châlet sur cette plage.

» Pour elle, je suis à Arcachon depuis » un mois, et pour mes amis en Orient ; » on ne peut aller ailleurs aujourd'hui, et » elle habite son châlet depuis trois jours.

» Le Prince russe, logé à l'hôtel Gailhard, » m'a pris en grande affection, et il n'est » question sur tout le littoral que de mon » départ et de mon mariage prochain avec » la jeune Cosaque, sa fille.

» Je pourrais en être amoureux fou, si » je n'étais pas plus fou des Françaises.

» Ceci t'explique pourquoi Mme *** a voulu » se noyer ! Elle m'a cru déjà allié à la

» Russie et traître à la France ! Elle comp-
» tait peut-être aussi un peu sur les se-
» cours du marinier. »

Mon ami en était là de son histoire, quand le facteur rural nous apporta un journal, l'*Indicateur de Constantinople,* avec des nouvelles de Sébastopol.

Dans un entre-filets étaient ces mots :

« M. ***, inventeur d'un ballon à la con-
» grève, vient de mourir victime d'une
» expérience qui promettait le plus grand
» succès; il est tombé en pleine Mer-Noire
» et à cheval sur le dos d'une baleine.
» M. *** était parti il y a quelques jours
» du cap Ferret et se rendait à Sébastopol,
» qu'il voulait réduire en cendres. »

Mon ami, qui a une bonne âme, donna une larme à ce malheur. Il vient d'écrire au rédacteur en chef de ce journal pour avoir des renseignements positifs sur l'événement.

Quand il eut son émotion moins forte, il fit vœu d'épouser la jeune veuve, dans un an et un jour, à la chapelle d'Arcachon.

Et vous, aimables lectrices, je vous en

prie, préparez sa tête au bonnet du métier !

Un journal du soir, de la même localité, le *Courrier*, arrivé à Marseille par le *Fury*, dément la mort de M. ***. La baleine de l'*Indicateur* était un dauphin, qui a transporté M. *** à Constantinople.

M. *** doit revenir en France par le steamer le *Triton*, attendu prochainement.

En apprenant cette seconde nouvelle, mon ami a seigné du nez. Il s'est ensuite rendu près de son vieux Russe et de sa Cosaque. Avec eux, il a dégusté des Vins-Gailhard, et mangé avec beaucoup d'appétit des soles et des rougets que l'hahile hôtelier élève tout exprès dans le Bassin pour ses visiteurs.

Il n'était pas digne que pour lui une femme se noie ! Que dites-vous du Russe ?

MORALE. CHACUN DOIT SE CONTENTER DE SON SORT.

Maintenant, chères lectrices, il se fait tard, allez prendre du repos ; demain vous visiterez la plage pour vous délasser de votre bienveillance d'aujourd'hui.

Vous me conterez vos impressions; je les communiquerai à l'inventeur du ballon à la congrève, qui veut écrire son voyage du cap Ferret à Sébastopol par Constantinople (1).

Jeunes filles, n'épousez jamais un homme politique, il pourrait partir pour l'Orient.

Quant à l'histoire de La Teste de Buch, je vous la terminerai dimanche à l'île des Oiseaux. Bosco, le sorcier, doit y procéder à la multiplication des lapins. Il veut en charger plusieurs wagons pour un tour nouveau lorsqu'il reprendra ses représentations de magie égyptienne.

Le ciel est beau, la mer est bonne; je cours dans le royaume des pétoncles, et je file entre deux eaux jusqu'à Andernos.

Il est minuit, les écureuils partent pour Constantinople.

Au revoir, Mesdames, à bientôt!

(1) Cet hiver, quand on fera le coin du feu, je vous conterai une histoire bien longue; je l'ai lue au fronton d'une cheminée, dans ces deux mots : *Doubt neveur*, ne doute jamais; et au-dessous, cette autre devise: *Siempre tio*, toujours à toi.

Jamais et toujours sont bien longs.

www.ingramcontent.com/pod-product-compliance
Lightning Source LLC
LaVergne TN
LVHW010103230826
846091LV00005B/2079

* 9 7 8 2 0 1 3 7 4 0 2 3 4 *